Karo und die kleine Ziege

Alle Bände **Zu zweit leichter lesen lernen** auf einen Blick:

Maja von Vogel: Nele und die Flaschenfee (Band 1)

Marianne Schröder: Karo und die kleine Ziege (Band 2)

Christian Tielmann: Die Piraten vom Dach (Band 3)

Julia Boehme: Conni auf dem Reiterhof (Band 4)

Zu zweit leichter lesen lernen

Karo
und die kleine Ziege

Von Marianne Schröder
Mit Bildern von Gerhard Schröder

CARLSEN

Zu zweit leichter lesen lernen

Wie das funktioniert?

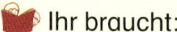 Ihr braucht:
- einen, der schon besser lesen kann,
  (eine Mutter, einen Opa, eine große Schwester
  oder so was Ähnliches),
- einen Leseanfänger
- und dieses Buch hier – über Karo und die kleine Ziege.

Ihr legt das Buch zwischen euch … und los geht's!

📖 Der geübte Leser liest die längeren Texte auf der linken Seite, der Anfänger liest die kurzen Texte auf der rechten Seite. Oder erst mal nur die hellroten Wörter. Zum Einsteigen.

📖 Die gepunktete Linie ··········▶ zeigt euch die Leserichtung. Mitten durch Karos Geschichte.

📖 Und wenn ihr fertig seid, könnt ihr euch Karos Abenteuer mit der Ziege noch mal gegenseitig erzählen. Die Bilder vorne und hinten im Buch helfen euch dabei.

Jetzt viel Spaß beim Lesen zu zweit!

Inhalt

Endlich Ferien!

Die Sonne scheint, die Möwen kreischen und es weht ein leichter Wind vom Meer herüber. Karo ist diese Ferien wieder zu Besuch bei Oma und Opa in dem kleinen Dorf an der Küste. Auch ihr bester Freund Eddi, mit dem sie zu Hause in eine Klasse geht, ist mit seiner Mutter hier. Die beiden wohnen ein paar Straßen weiter in einer Ferienwohnung.

Karo und Eddi werkeln gerade an ihrem Baumhaus, das in Omas und Opas Garten steht. Eddis Hund Beckmann guckt zu.

„Eddi, gib mir mal den Hammer, hier ist ein Brett lose!", ruft Karo, die im Baumhaus sitzt.

Eddi klettert zu ihr. „Echt gut, wieder hier zu sein", freut er sich. „Es ist noch alles wie im letzten Jahr." Eddi streicht über die Treibholzlatten, aus denen sie im vorigen Sommer mit Karos Opa das Baumhaus gebaut haben. Sogar einen kleinen Tisch und ein Regal für Strandgut gibt es hier. Aus dem Baumhausfenster haben Karo und Eddi einen weiten Blick über das ganze Dorf, den Hafen und die Dünen bis ans Meer. Jetzt bellt Beckmann. Opa kommt aus dem Schuppen. Seine Latzhose ist etwas staubig, weil er dort gerade aufgeräumt hat.

In der Hand hält er
einen alten Schemel
mit drei Beinen.
„Na, ihr Piraten,
was sagt der Ausguck?
Könnt ihr einen Hocker
da oben gebrauchen?"

„Jo, immer her damit!", ruft Karo. „Ich werfe dir
den Tampen runter!"
Opa macht einen Palstek (den Knoten hat er bei der
Seefahrt gelernt). Eddi zieht den Hocker hoch.
„Ladung an Deck, Käpt'n!", meldet er.
„Ihr seid mir vielleicht zwei Leichtmatrosen!" Opa
lacht und geht hinüber zu seinem Gemüsebeet.
„Wie wär's denn mit einer Apfelsaftschorle?", ruft
Oma wenig später aus dem Küchenfenster.

„O ja! Wir kommen!"
Schnell klettern Karo und Eddi
die Leiter hinunter
und setzen sich zu Oma
auf die Bank vor dem Haus.
In einem Zug
trinken sie ihre Gläser aus.

Kurz darauf gesellt sich auch Opa zu ihnen und fällt erschöpft in seinen Liegestuhl.

„Die beiden Familien aus Berlin, die hier die letzten Jahre schon Urlaub gemacht haben, sind übrigens auch wieder da", erzählt Oma. Sie nimmt Karo und Eddi die leeren Gläser ab und lässt ihren Blick über den Garten schweifen, den die Abendsonne in goldenes Licht taucht.

„Ach, du meinst wohl Matze, seine Schwester Jenny und ihren Freund Torben", sagt Karo, nur mäßig interessiert. „Hm … die wollen sowieso nichts mit uns zu tun haben. ‚Kleingemüse' haben sie uns genannt. Nur weil sie drei Jahre älter sind als wir …" Karo schaut kurz zu Eddi hinüber. „Wollen wir morgen mal gucken, ob die sich wohl immer noch in der alten Fischerhütte am Hafen treffen?", fragt sie. Eddi nickt und mit einem Blick auf Opa, der in seinem Liegestuhl eingeschlafen ist, flüstert er:

„Ich muss los,
meine Mutter
wartet mit dem Abendbrot auf mich.
Ich hol dich morgen früh ab,
und dann machen wir
eine Runde durch das Dorf."

Von Krabben und Robben

Am nächsten Tag sitzt Karo mit ihren Großeltern beim Frühstück. Sie schmiert sich gerade ein Brötchen mit Omas selbstgemachter Erdbeermarmelade. Opa ist hinter seiner Zeitung kaum zu sehen.

„Ich glaube, ich werde langsam schusselig", sagt Oma, während sie Opa noch etwas Kaffee nachgießt. „Gestern habe ich rote Grütze gekocht und sie zum Abkühlen auf die Fensterbank gestellt – und jetzt ist sie nicht mehr da."

Opa lässt die Zeitung sinken und schiebt seine Brille hoch. Stirnrunzelnd blickt er zu Karo hinüber, die mit den Schultern zuckt.

„Ach, die Schüssel hast du wahrscheinlich nur woandershin gestellt", vermutet Opa.

Da klingelt es. Karo springt auf. „Das wird Eddi sein!", ruft sie und ist auch schon aus der Tür.

Eddi wartet mit seinem Fahrrad
an der Garten-Pforte.
Er begrüßt Karo
mit lautem Geklingel.
Seinen Hund Beckmann
hat er zu Hause gelassen.

„Wollen wir zuerst zum Hafen fahren?", fragt
Eddi, während Karo ihr Fahrrad aus dem Schuppen
schiebt. „Vielleicht ist Fischer Hansen schon von
seinem Törn heute zurück. Und danach könnten
wir Vogelwart Arne besuchen. Den haben wir ja
lange nicht gesehen!"

Los geht's! Beide sausen auf ihren Fahrrädern den
Berg hinunter, den Dünenweg entlang. Kurz darauf
haben sie den Hafen erreicht.

„Moin, Kinder!", ruft Fischer Hansen, der tatsächlich gerade angekommen ist und sein Schiff vertäut.
„Ich habe ein paar Krabben für euch. Oder habt ihr
das Pulen etwa verlernt seit letztem Jahr?"

„Super! Her damit!", freut sich Karo. Sie nimmt
Hansen zwei volle Tüten ab und setzt sich mit Eddi
auf die Kaimauer. Geschickt dreht Karo mit ihren
Fingern das Fleisch aus der Krabbenschale. „Hmm,
so frisch schmecken sie echt am besten."

Karo und Eddi lehnen sich an einen dicken Poller,
lassen die Beine baumeln und ihre Blicke wandern.
„Cooles Werbeschild!", sagt Eddi plötzlich und
zeigt auf Fischer Hansens Laden – der Fisch auf
seinem Schild trägt seit neuestem eine große Sonnenbrille.

„Frechheit, diese Schmiererei!", schimpft Hansen.

Karo lacht.
„Ich finde es lustig.
Dann denken alle,
dass hier immer die Sonne scheint."
Hansen muss schmunzeln.
„Da hast du Recht, Karo!"

Hansen zieht seine Arbeitshandschuhe an und lädt
die Plastikkisten voll Fisch auf seine Schubkarre.
„Jetzt muss ich den Fang in den Laden bringen."
„Und wir wollen weiter zu Arne", sagt Karo.
„Tschüss, und danke für die Krabben!"
Der Weg zu Arne führt hinter dem Dorf durch die
Dünen hindurch. Er ist sandig und wird immer
schmäler. Schließlich steigen Karo und Eddi von
ihren Fahrrädern ab und gehen über einen Bohlenweg zu Fuß weiter.
Die Vogelkoje liegt mitten im Vogelschutzgebiet.
Arne lebt und arbeitet hier schon seit Jahren. Er
beobachtet und zählt die Vögel, kümmert sich um
kranke Tiere und achtet darauf, dass die Menschen
die Ruhezonen der Tiere einhalten. Arne hat Karo
und Eddi schon viel von seiner Arbeit erzählt.
Heute steht die Tür zu Arnes Häuschen offen. Als
Karo und Eddi eintreten, macht sich Arne gerade
einen Tee. Er hat seine Hütte mit einem Schlafsofa,
einem Tisch und einer kleinen Küchenecke gemütlich eingerichtet. An den Wänden hängen Bilder
und Federn von verschiedenen Vogelarten. Sogar
einen Brutkasten für Vogeleier gibt es.
„Schön, dass ihr mich besucht!", ruft Arne.

Karo und Eddi setzen sich
vor Arnes Häuschen.
Kurz darauf kommt Arne
mit drei Bechern Tee und Keksen.
Er erzählt ihnen
von Robben, den Vögeln
und von seinen Führungen
durch die Natur.

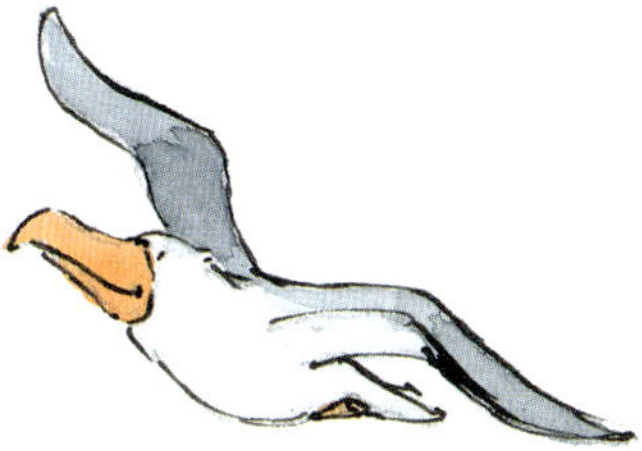

„Da kannst du uns auch mal wieder mitnehmen, Arne", bittet Karo, während sie ihren Keks in den Tee taucht.

„Klar, mach ich gern", sagt Arne. „Aber stellt euch vor, was mir Komisches passiert ist: Heute Morgen habe ich doch tatsächlich einen Fisch in meinem Briefkasten gefunden!", wundert er sich.

Eddi lacht. „Den hat dir bestimmt eine Möwe geschickt, weil du dich immer so gut um sie kümmerst."

„Nee, glaub ich nicht. Da war jemand anderes am Werk …", grübelt Arne und kratzt sich nachdenklich am Kopf.

„Merkwürdig ist das schon", meint Karo. „Wie kommt ein Fisch denn in deinen Briefkasten? Fliegende Fische gibt es hier doch nicht!"

Arne schnauft leise. Dann sagt er nicht mehr viel. Das ist immer so. Arne hat lieber seine Ruhe.

Die drei gucken noch eine Weile einfach so auf das Meer. Bis Karo einfällt, dass sie ja noch zur alten Fischerhütte wollen, wo sich Jenny, Torben und Matze immer treffen.

„Bis bald!", ruft Arne
und winkt den beiden nach,
als sie den Weg zurückgehen.
Wenig später fahren Karo und Eddi
mit ihren Rädern
wieder in Richtung Dorf.

Eine coole Bande

Die verlassene Fischerhütte steht am Ende des Hafens. Die beiden Freunde stellen ihre Räder ab und nähern sich langsam dem windschiefen Schuppen. Ein paar Schiffstaue liegen davor, ausrangierte Fischernetze und ein altes Ölfass. Neben der Tür steht eine Bank. Nichts regt sich. Nur das Kreischen der Möwen ist zu hören.

„Scheint keiner da zu sein. Komm, wir pirschen uns näher heran", flüstert Karo. Dann hält sie plötzlich inne. „Was ist das denn?"

Ein großes Schild hängt an der Tür. „Black Tigers, Clubhaus. Zutritt strengstens verboten!" steht darauf.

Karo findet das ziemlich albern. „‚Black Tigers' … ‚Schwarze Tiger', was soll das denn heißen? Weiße Tiger kenne ich, aber schwarze?"

Eddi zuckt mit den Schultern. „Das soll wohl ein cooler Name sein. Die wollen nur angeben", meint er und drückt vorsichtig die Türklinke hinunter.

Die Hütte ist zu.

Eddi guckt durch die schmutzigen Fenster.

„Nichts zu sehen.

Komm, wir fahren

zum Café von Frau Feng",

schlägt er vor.

„Vielleicht sind sie da!"

Schon von weitem sehen Karo und Eddi die BMX-Räder von Jenny, Torben und Matze vor dem Café. Alle sind mattschwarz lackiert.

„Nicht schlecht …", bemerkt Eddi, während sie den Café-Garten betreten. „Guck mal, dahinten sitzen sie!"

Mit einem lässigen „Hey!" gehen Karo und Eddi an den dreien vorbei. Matze blickt nur kurz von seinem Handy-Spiel auf und lüftet seine Sonnenbrille.

„Ach, das Kleingemüse hat auch Ferien", murmelt er. Torben und Jenny haben für die beiden nur ein kurzes Nicken übrig.

„Na, ihr zwei – Blaubeer-Muffins wie immer?", fragt Frau Feng lachend. Sie hat Karo und Eddi gleich wiedererkannt.

„Klar! Und zwei Spezi, bitte", rufen die beiden wie aus einem Mund. Sie setzen sich auf die Bank neben dem Eingang.

„So, so, jetzt heißen sie also ‚Black Tigers'", flüstert Karo. „Und finden sich noch genauso toll wie im letzten Jahr."

„Stimmt", sagt Eddi leise. „Sie haben ziemlich moderne Klamotten an und verstecken sich hinter ihren Riesensonnenbrillen. Aber ansonsten scheinen sie sich total zu langweilen."

Karo und Eddi essen ihre Muffins.
Das Café ist gut besucht.
Frau Feng hat viel zu tun.
Ihre kleine Katze
sitzt neben Karo und Eddi
auf der Bank.
Sie lässt sich von Karo streicheln
und schnurrt.

Dann bezahlen die beiden bei Frau Feng, die ihnen noch Grüße für Oma und Opa mit auf den Weg gibt. Die „Black Tigers" sitzen wie festgeklebt auf ihren Stühlen und beachten sie gar nicht.

Der Rückweg ist etwas mühsam. Karo und Eddi müssen ganz schön in die Pedale treten, um den Berg hochzukommen.
„Guck mal, da vorne!", ruft Eddi plötzlich. „Was ist das denn? Bei den Nachbarn deiner Großeltern weht Wäsche am Fahnenmast!"
„Irgendwie passieren hier schon seltsame Sachen …", stellt Karo fest, während sie in die Auffahrt einbiegt.

„Tschüss, bis morgen!",
ruft sie Eddi zu.
Der muss zu seiner Ferien-Wohnung
noch zwei Straßen weiter fahren.

Ziegenalarm!

Am nächsten Tag hängen dunkle Gewitterwolken über dem Dorf. Es regnet schon den ganzen Vormittag. Karo und Eddi sitzen in Omas gemütlicher Stube und spielen mit ihr „Mensch ärgere Dich nicht".

Selbst Beckmann hat keine Lust rauszugehen. Er liegt zusammengerollt zu Eddis Füßen. Plötzlich spitzt er die Ohren und springt auf. Schwanzwedelnd läuft er Opa entgegen, der klitschnass zur Tür hereinkommt.

„Hoha, so ein Schietwetter!", ruft Opa. „Da will man nur mal kurz den Schafskäse in der Schäferei abholen und schon ist man nass bis auf die Haut! – Also, ich hab euch was zu erzählen! Wartet mal einen Moment, ich zieh mir nur etwas Trockenes an."

Neugierig geworden, hören die Kinder und Oma auf zu würfeln.

Opa trocknet sich die Haare
mit einem Handtuch.
„Stellt euch vor –
auf dem Deich gibt es jetzt
nicht nur Schafe,
sondern auch Leoparden!",
berichtet er.

Oma verdreht die Augen. „Dass du aber auch immer Seemannsgarn erzählen musst!"

Karo und Eddi lauschen gespannt.

„Das hab ich eigentlich ganz ernst gemeint", brummt Opa. „Der Schäfer war ziemlich außer sich. Zwei seiner Schafe haben über Nacht ein Leopardenmuster auf den Rücken gesprüht bekommen. Und das ist noch nicht alles …" Opa muss erst mal tief durchatmen. „Frau Olsen aus dem Nachbardorf vermisst eine ihrer kleinen Ziegen. Die Sache ist schon Dorfgespräch. Angeblich ist sie sogar bei Polizeiwachtmeister Kröger vorstellig geworden."

Oma winkt ab. „Ach, der Kröger, der unternimmt doch wieder nichts!", sagt sie. „Dreht nur in seiner schicken Uniform eine Dorfrunde und wartet auf seine Pensionierung. Der rennt doch nicht hinter einer Ziege her!" Oma steht vom Tisch auf und geht einen Tee kochen. „Das läuft sich schon alles wieder zurecht."

Opa kratzt sich an der Stirn und überlegt. „Nee, nee, die Ziege kann ja ausgebüxt sein, aber Schafe bekommen nicht einfach so ein Leopardenmuster", stellt er fest.

„Uns sind gestern auch einige komische Sachen aufgefallen", erzählt Karo aufgeregt.

„Ein Fisch war im Briefkasten von Arne.
Das Schild bei Fischer Hansen
war komisch bemalt.
Und bei euren Nachbarn
hing die Wäsche nicht auf der Leine,
sondern am Fahnen-Mast.
Was das alles zu bedeuten hat?"

Karo legt die Stirn in Falten und sieht zu Oma hinüber, die mit einer Kanne Tee aus der Küche kommt.

„Da stimmt doch was nicht …", grummelt Opa.

„Meint ihr, wir haben Gespenster im Dorf?", wirft Eddi ein. Etwas ängstlich blickt er zu Karo.

Nun wird es Oma aber zu albern. „So ein Unsinn! Das sind doch alles Dumme-Jungen-Streiche", schimpft sie. „Ich glaube, ihr müsst dringend mal an die frische Luft. Los, raus mit euch, der Regen hat aufgehört!"

Damit packt sie entschlossen das „Mensch ärgere Dich nicht"-Spiel zur Seite und öffnet die Terrassentür.

„Na gut", sagt Karo. „Wir wollten sowieso unser Baumhaus für heute Nacht vorbereiten."

Opa hat ihnen versprochen, dass sie im Baumhaus übernachten dürfen.

Opa guckt aus dem Fenster.

„Das sieht nicht schlecht aus.

Wenn es nicht wieder zu regnen anfängt,

könnt ihr euer Lager

dort aufschlagen."

Eine unheimliche Baumhaus-Nacht

Mit Schlafsack und Taschenlampe klettern Karo und Eddi in der Dämmerung in ihr Baumhaus. Auf dem Holzboden haben sie schon ihre Luftmatratzen ausgebreitet. Karos Stoff-Elch ist natürlich auch dabei.

„Jetzt fragen wir Oma noch, ob sie etwas zu naschen für uns hat", sagt Karo.

Im Schlafanzug huschen die beiden noch einmal die Leiter hinunter und tapsen zu Oma in die Küche. Sie hat tatsächlich schon einen kleinen Teller mit Äpfeln, Keksen und Schokolade für Karo und Eddi vorbereitet.

„Danach werden die Zähne geputzt!", sagt Oma streng, aber mit einem Lächeln.

„Klar, Oma! Großes Piraten-Ehrenwort!", verspricht Karo. Wenig später liegen sie in ihren Schlafsäcken und lassen es sich schmecken.

Am liebsten möchte Karo so eingekuschelt liegen bleiben, aber Ehrenwort ist Ehrenwort und so flitzt sie mit Eddi noch schnell ins Bad. Sie putzen ihre Zähne und machen eine Katzenwäsche.

„Gute Nacht, Oma!
Gute Nacht, Beckmann!",
rufen beide.
Dann klettern sie wieder hoch
ins Baumhaus.
Beckmann sitzt unter dem Baum
und guckt ihnen nach.
Er jault ein bisschen.
Er möchte auch ins Baumhaus,
aber das geht leider nicht.

„Komm, Beckmann! Wir beide gehen noch mal Gassi", erbarmt sich Opa, holt die Hundeleine und zieht mit ihm los zum Hundestrand. Da darf Beckmann auch ohne Leine herumtollen.

Um das Baumhaus herum ist jetzt alles ruhig. Der Mond ist zu sehen. Nur in der Ferne sind leise die Kühe zu hören.

„Kannst du schon schlafen, Karo?", fragt Eddi nach einer Weile.

„Nein, ich muss immer an die kleine Ziege denken. Und an die Sachen, die sonst noch so passiert sind", antwortet Karo.

„Geht mir genauso", flüstert Eddi. „Das können doch nicht nur Zufälle sein! Vielleicht schleicht hier ein dicker Bär herum, der die Ziege gefressen hat." Er setzt sich auf und sucht nach seiner Taschenlampe.

„Quatsch, hier gibt's doch keine Bären – höchstens Erdbeeren!", kichert Karo.

In diesem Moment raschelt
und knackt es
unter dem Baumhaus.
Karo und Eddi bekommen vor Schreck
große Augen.
Das sieht aber keiner,
weil es ja dunkel ist.
Den beiden bleibt fast das Herz stehen.

„Na, Kinder, alles in Ordnung bei euch?", ruft Opa hoch.

„Puh, du bist es!" Karo atmet erleichtert auf. „Wir dachten schon, es wäre ein Bär."

„So, so, ein Bär …", brummt Opa. „Sehe ich etwa so aus wie einer? Bären sind doch viel größer und dicker als ich."

Karo grinst. Eine gewisse Ähnlichkeit lässt sich nicht leugnen.

„Beckmann liegt jetzt jedenfalls in seinem Körbchen und ich geh auch in meine Koje", sagt Opa. „Gute Nacht, ihr zwei!"

„Nacht, Opa!", kommt es von oben zurück.

Wieder verstreichen ein paar Minuten.

„Du, Eddi … Wir müssen uns morgen mal genauer im Dorf umgucken", schlägt Karo vor. „Vielleicht finden wir eine heiße Spur. Es muss doch herauszufinden sein, wer den ganzen Unsinn verzapft hat."

„Gute Idee."
Eddi gähnt.
„Gute Nacht,
Kommissarin Karo!"
„Gute Nacht, Eddi!",
antwortet Karo
und wenig später
schlafen die beiden ein.

Auf Spurensuche

Die zwei Baumhausschläfer werden schon früh durch Vogelgezwitscher geweckt. Rasch huschen sie ins Haus, um zu frühstücken. Dann machen sie sich auf den Weg ins Dorf. Zum Glück scheint heute wieder die Sonne.

„Was wir jetzt machen, heißt Spurensuche", erklärt Karo wichtig. „Wir fahren noch mal zu allen Orten, an denen die komischen Sachen passiert sind."

„Am besten, wir fangen gleich bei der Wäsche am Fahnenmast an", sagt Eddi. Doch als sie um die Ecke biegen, hängt dort keine Wäsche mehr. Am Briefkasten treffen sie die Nachbarin.

„Guten Morgen!", ruft Karo ihr fröhlich entgegen.

„Haben Sie vorgestern Ihre Wäsche an den Fahnenmast gehängt?", fragt sie.

„Nein! Natürlich nicht", sagt Frau Wuttke entrüstet. „Ich habe wie immer die Wäschespinne im Garten benutzt. Da hat sich wohl ein Witzbold einen Scherz erlaubt. Wenn ich den erwische! Alle Hemden sind zerknittert!", schimpft sie.

Spuren sind hier also nicht zu entdecken. Karo schaut zu Eddi hinüber. „Und was ist mit dem Schild von Hansen? Lass uns da weitersuchen."

Sie sagen Tschüss zu Frau Wuttke
und fahren, so schnell es geht,
zu Fischer Hansens Laden.
Dort lehnen sie ihre Räder
an einen Poller.
Der Fisch trägt immer noch
eine Sonnen-Brille.

Eddi guckt sich das Werbeschild näher an. „Folienschreiber", stellt er fachkundig fest.

„Der Fisch sieht genauso cool aus wie die ‚Black Tigers'", murmelt Karo vor sich hin.

Da kommt Fischer Hansen aus der Tür gestürzt.

„Hab ich euch, ihr Lausebengel! Wollt ihr den armen Fisch noch schlimmer verunstalten?"

Eddi bekommt einen Riesenschreck.

„Alles in Ordnung, Herr Hansen", ruft Karo. Sie hat ganz schön Mühe, Fischer Hansen klarzumachen, dass sie nicht die Übeltäter sind. „Wir sind nur auf Spurensuche. Wirklich!"

Der Fischer beruhigt sich allmählich. „Ach so, na dann … Viele Spuren könnt ihr hier nicht mehr finden. Ich hab schon versucht, das Schild sauber zu wischen. Aber der Stift ist wasserfest und geht nicht ab", ärgert er sich.

„Mist, wieder nichts", seufzt Eddi enttäuscht, als die beiden Freunde weiterfahren.

„Vielleicht haben wir bei Arne mehr Glück", hofft Karo. „Wenn der Fisch nicht von selbst in seinen Briefkasten geflogen ist, muss ja irgendwer dort Spuren hinterlassen haben."

Auf dem Weg zu Arne kommen sie wieder am Clubhaus der „Black Tigers" vorbei.

Plötzlich bremst Eddi scharf.
Auf der Bank neben der Hütte
steht eine Schüssel.
„Omas Rote-Grütze-Schüssel!",
ruft Karo verwundert.
„Wie kommt die denn hierher?"

Karo steigt vom Fahrrad und legt die leere Schüssel in ihren Korb. Dabei schweift ihr Blick hinüber zum Clubhaus. Auf der Holzwand sind ungleichmäßig runde, braune Flecken zu sehen.

„Na so was!", ruft Karo. „Das sieht ganz so aus, als hätte hier jemand geübt, Leopardenmuster zu sprühen. Denkst du auch, was ich denke, Eddi?", fragt sie ihren Freund.

„Genau … die ‚Black Tigers' haben das alles …"
Einen Moment lang sind die beiden ganz still.

„Meinst du, sie haben auch die kleine Ziege gestohlen?", flüstert Eddi aufgeregt.

Vorsichtig blicken sich Karo und Eddi noch einmal um, ob sie auch wirklich unbeobachtet sind. Dann schleichen sie gebückt um die Hütte. Dicht an der Holzwand finden sie drei Dosen mit Sprühlack und rund um das alte Ölfass herum frische Abdrücke von Fahrradreifen. Das Clubhaus ist verschlossen.

„Hier kommen wir nicht weiter",
sagt Karo nach einer Weile.
„Lass uns nach Hause fahren
und Oma die Schüssel bringen.
Die wird vielleicht staunen!"

Abenteuer
in der Dämmerung

Oma schüttelt ungläubig den Kopf, als Karo und
Eddi mit der Schüssel vor ihr stehen.
„Geschmeckt hat es ja wohl", murmelt sie erstaunt.
„Die Schüssel ist fast blank geleckt!"
Karo streicht ihr über den Arm. „Siehst du, Oma,
du bist gar nicht schusselig! Die Schüssel stand bei
der alten Fischerhütte am Hafen. Und wir haben
schon einen Verdacht, wie sie dort hingekommen
ist. Fehlen nur noch ein paar handfeste Beweise …"
„Ihr macht es aber spannend", sagt Oma lächelnd.
„Wie richtige Detektive!"
„Das kann man so sagen", erwidert Eddi nicht ohne
Stolz. „Komm, Karo, wir gehen ins Baumhaus. Da
haben wir immer die besten Ideen."
Karo und Eddi klettern die Leiter zum Baumhaus
hoch. Sie machen es sich auf ihren Hockern gemütlich und zählen noch einmal auf, was sie in der
letzten Zeit alles herausgefunden haben.
„Die Schüssel und das Leopardenmuster – das
waren eindeutig die ‚Black Tigers'. Aber ob sie auch
die Ziege gestohlen haben …?", überlegt Eddi.

„Glaubst du wirklich,
dass die drei
eine Ziege stehlen würden?",
fragt Karo.
„Das ist kein Streich mehr.
Das ist eine Entführung!"
Lange Zeit sagen beide nichts.
Kein Lüftchen weht.
Alles ist merkwürdig ruhig.

„Hoffentlich geht es der kleinen Ziege gut", seufzt
Karo. Dann sieht sie Eddi auffordernd an. „Wir müssen unbedingt etwas unternehmen und sie retten!"
„Aber wenn die ‚Black Tigers' tatsächlich die Ziege
gestohlen haben, was machen wir dann? Wir können
sie ihnen doch nicht wegnehmen. Die sind viel zu
stark für uns!", sagt Eddi ängstlich und rutscht un-
ruhig auf dem Hocker hin und her.
Karo presst ihre Lippen aufeinander.
Inzwischen ist die Sonne fast hinter dem Horizont
versunken. Die Dämmerung setzt langsam ein.
„Da! In der alten Fischerhütte ist Licht angegangen!
Die ‚Black Tigers' sind zurück", ruft Karo plötzlich
und zeigt zum Hafen hinüber. „Komm, Eddi, wir
fragen Opa, ob wir noch hinfahren dürfen. Wir schleichen uns an das Clubhaus heran und belauschen sie!"

Opa hat sich eine Schürze umgebunden und macht
gerade den Abwasch. Dabei ist er meistens nicht so
gut gelaunt. Als Karo und Eddi ihn um Erlaubnis bit-
ten, runzelt er die Stirn.
„Es ist schon spät, Kinners. Morgen ist doch auch
noch ein Tag!", grummelt er.
„Och, bitte, Opa! In einer Stunde sind wir wieder da",
drängelt Karo.

Opa seufzt.

„Na gut,

aber Beckmann müsst ihr mitnehmen!"

Beckmann freut sich.

Er spürt,

dass ein Abenteuer in der Luft liegt.

Fröhlich läuft er neben den Kindern her,

als sie den Berg hinab-sausen.

Seine Ohren flattern im Wind.

Karo und Eddi stellen ihre Fahrräder schon ein Stück vor dem Hafen ab. Langsam pirschen sie sich an die alte Fischerhütte heran.

„Wuff!", bellt Beckmann aufgeregt.

„Bist du ruhig!", zischt Eddi. „Du verrätst uns noch!"

Tatsächlich – die schwarzen BMX-Räder lehnen an der Hütte. Die „Black Tigers" sind in ihrem Clubhaus versammelt. Karo kann deutlich ihr eigenes Herz klopfen hören, als sie immer näher an die Hütte herankommen. Die beiden hocken sich unter eines der Fenster und horchen.

Es ist schwer zu verstehen, was in der Hütte gesprochen wird. Sie können nur Wortfetzen aufschnappen: „… müssen mehr Stroh holen … geniales Versteck! … wir bringen ihr ein paar Kunststücke bei …"

Und dann: „… unsere kleine Ziege!"

Karo und Eddi sehen sich mit großen Augen an.

Die „Black Tigers" haben wirklich die Ziege! Aber wo haben sie sie versteckt? Hier in der Nähe kann sie nicht sein, sonst hätte Beckmann angeschlagen.

Karo gibt Eddi ein Zeichen und sie schleichen sich davon. Als sie bei ihren Fahrrädern ankommen, müssen sie erst mal tief Luft holen. Auf dem Weg nach Hause überlegen sie fieberhaft, wie sie die Ziege finden können.

„Morgen verfolgen wir die ‚Black Tigers'",
schlägt Eddi vor,
als sie sich am Garten-Tor verabschieden.
„Dann führen sie uns zu ihrem Versteck."
„Hoffentlich geht es dem Zicklein gut",
sagt Karo.

Den Übeltätern auf den Fersen

Oma wundert sich, dass Karo an diesem Morgen
nur ein halbes Honigbrötchen zum Frühstück isst.
„Ich muss schnell los", erklärt Karo. „Eddi und ich
wollen zum Hafen. Wir sind den ‚Rote Grütze-
Tätern' auf der Spur!"
„So, so …", schmunzelt Oma.
Als Karo Eddi abholt, läuft ihr Eddis Hund schon
entgegen. „Na, Beckmann, du kommst heute wieder
als Spürhund mit!", ruft sie. Beckmann springt an
Karo hoch und lässt sich von ihr kraulen.
Eddi hat inzwischen sein Fahrrad aus dem Schup-
pen geholt. Dann geht es mit den Rädern Richtung
Dorf. Ihre erste Station ist das Clubhaus. Doch die
Hütte steht verlassen da. Keine Fahrräder, keine
„Black Tigers" und nach wie vor keine Ziege …
„Hm, wo könnten sie nur sein?", überlegt Karo und
schaut sich suchend in alle Richtungen um.
„Haben die drei gestern nicht etwas von Stroh
holen erzählt?", erinnert sich Eddi.
„Stimmt!", sagt Karo. „Und Stroh können sie gut
bei Bauer Huggle bekommen. Da fahren wir hin!"

Die beiden steigen wieder aufs Rad
und treten in die Pedale.
Am Bauernhof angekommen,
sehen sie den alten Huggle.
Er fährt mit seinem Trecker
in die Scheune.
Eddi muss laut rufen,
damit Huggle ihn hört.

„Hallo, Herr Huggle", schreit er. „Haben sich drei Kinder mit schwarzen Rädern hier bei Ihnen vielleicht Stroh geholt?"

„Wer hat sich einen Floh geholt?", schreit Bauer Huggle zurück.

Die Kinder müssen lachen. Bauer Huggle stellt seinen Trecker aus.

„Ach so, Stroh geholt! Nee, davon weiß ich nichts, aber Stroh liegt hier in rauen Mengen rum. Da kann jeder ran", antwortet er.

Karo seufzt. „Schade, wieder keine heiße Spur."

In diesem Moment entdeckt Eddi hinter Bauer Huggle in einiger Entfernung drei Gestalten auf Rädern am Waldrand. „Da!", ruft er aufgeregt.

„Da sind sie! – Beckmann, Karo, los, hinterher!" Schnell nehmen sie die Verfolgung auf.

Bauer Huggle kratzt sich verwundert am Kopf und schaut den beiden Spürnasen hinterher.

Es ist nicht einfach, den „Black Tigers" auf den Fersen zu bleiben, ohne dass sie Karo und Eddi bemerken. Die beiden müssen immer genügend Abstand halten und dürfen sie dabei nicht aus den Augen verlieren. Der Weg führt zur Steilküste.

„Siehst du sie noch?
Mist, ich glaube,
wir haben sie verloren!",
ärgert sich Karo.
Sie haben die Stelle erreicht,
wo ein Pfad hinunter zum Strand führt.

Eddi bremst. „Da! Ihre Fahrräder! Zwischen den
Sträuchern!", ruft er. „Sie sind zu Fuß weiterge-
gangen."

Karo und Eddi verstecken ihre Räder auf der
anderen Seite des Weges und kraxeln den schmalen
Pfad zum Meer hinab. Unten angekommen, müssen
sie über große Steine klettern. Plötzlich bleibt Karo
stehen.

„Eddi! Stopp!" Sie zieht ihn hinter einen Felsen.
Das war knapp! Fast hätte Matze sie bemerkt.

Nicht weit entfernt klettert Matze
an einer Strick-Leiter
zu einer Fels-Öffnung hoch.
Die Höhle ist in etwa drei Meter Höhe.
Dann verschwindet Matze in der Höhle.
Jenny und Torben sind nicht zu entdecken.

Das Versteck in den Felsen

Durch einen Spalt zwischen zwei Felsen können Karo und Eddi den Höhleneingang hoch oben beobachten. Ein paar Minuten vergehen, ohne dass die „Black Tigers" zu sehen sind. Nur das Geräusch der Wellen ist zu hören, die an die Klippen schlagen. Doch dann kommt Bewegung in die Strickleiter. Jenny klettert als Erste hinunter, Matze und Torben folgen. Sie kommen direkt auf Karo, Eddi und Beckmann zu, die hinter einem großen Felsblock in Deckung gehen.

Eddi hält Beckmann fest. „Ganz ruhig!", sagt er zu seinem Hund und meint damit auch sich selbst.

„So wird das nichts", hören sie Jenny schon von weitem meckern. „Die ist so bockig, der bringen wir nie Kunststücke bei!"

„Jetzt zick hier nicht so rum, Jenny!", weist Matze seine Schwester zurecht. „Endlich ist mal was los in diesem Kaff! Sei lieber froh, dass wir uns nicht weiter rumlangweilen müssen. Wir fahren jetzt ins Dorf und holen Salz als Lockmittel. Ziegen lecken gerne Salz, das hab ich mal im Fernsehen gesehen."

Jenny läuft mürrisch
hinter ihrem Bruder her.
Zum Glück sind die „Black Tigers"
so mit sich selbst beschäftigt,
dass sie Karo, Eddi und Beckmann
nicht bemerken,
als sie an ihrem Felsen vorbei-klettern.

Die beiden Freunde halten den Atem an. Als Matze, Jenny und Torben außer Sichtweite sind, traut sich Eddi endlich wieder etwas zu sagen. „Das ist unsere Chance! Sie sind weg. Lass uns nachsehen, was in der Höhle ist!"

Als sie vor der Strickleiter stehen, verlässt sie fast der Mut.

„Ganz schön hoch …", sagt Karo und schluckt. Da hören sie leise das Meckern der Ziege. Karo vergisst ihre Angst und klettert hastig hinauf.

Die Leiter wackelt bei jedem Schritt. Vorsichtig setzt Karo einen Fuß über den anderen und hält sich gut fest. Dabei guckt sie lieber nicht nach unten. Am Ende der Strickleiter ist ein kleiner Felsvorsprung. Karo hat es geschafft! Erleichtert setzt sie sich erst einmal auf den Felsboden und wartet auf Eddi.

Der befiehlt Beckmann, unten zu warten, dann klettert er Karo mit zitternden Knien hinterher.

Vor der Höhle
versperrt eine alte Palette aus Holz
den Eingang.
Gemeinsam schieben Karo und Eddi
die schwere Palette zur Seite.

Neugierig betreten die beiden Freunde die finstere Höhle. Als sich ihre Augen an die Dunkelheit gewöhnt haben, sehen sie das Zicklein verschreckt in der Ecke stehen.

Karo macht vorsichtig ein paar Schritte auf die Ziege zu und versucht sie zu streicheln. „Armes Tierchen, ganz allein bist du hier im Dunkeln."

„Wenigstens haben die ‚Black Tigers' es gut versorgt", stellt Eddi mit einem Blick in die Höhle fest. Der Boden ist mit Stroh ausgelegt, ein Wassereimer und eine Schale mit trockenem Brot, Möhren- und Apfelstücken stehen dicht an der Wand.

„Guck mal", sagt Karo plötzlich. „Mit der großen Tasche dort drüben haben sie das Zicklein wohl hier heraufgezogen." Dann grübelt sie. „Alleine schaffen wir das nie, es aus der Höhle zu befreien. Wir müssen Opa und Wachtmeister Kröger Bescheid sagen!"

In diesem Moment hören sie
Beckmann laut bellen und knurren.
Es rüttelt an der Strick-Leiter …

Gefangen
in der Höhle

Die „Black Tigers" sind zurück! Früher als erwartet!
An Flucht ist nicht zu denken. Schon taucht Matzes
Kopf am Höhleneingang auf.

„Verdammt!", hören sie ihn seinen Freunden zuru-
fen. „Wer von euch hat vergessen, die Palette wieder
vor den Eingang zu schieben? Und was macht der
Hund da unten? Gehört der nicht …"

Karo und Eddi würden sich am liebsten in Luft auf-
lösen. Doch da hat Matze sie entdeckt. „Ach nee –
das Kleingemüse … Spioniert hier rum!"

„Was hat die Ziege in der Höhle zu suchen?", fragt
Karo trotzig.

„Das geht euch gar nichts an, ihr Windelpupser",
gibt Matze grob zurück.

Jetzt reicht es Eddi. Er stützt seine Hände in die
Seite und baut sich vor Matze auf. „Wir wissen über
alles Bescheid! Ihr habt bestimmt auch die Schafe
mit Leopardenmuster besprüht und Arne den Fisch
in den Briefkasten gesteckt!"

Wütend funkelt Matze Karo und Eddi an. Doch ehe
er sich auf sie stürzen kann, erscheint Jenny.

„Was macht ihr hier?",

faucht sie.

Beckmann bellt pausenlos.

„Torben, bring den Hund da unten zur Ruhe!",
ruft Matze nach draußen.

„Und was machen wir jetzt mit den beiden?"
Fragend blickt er seine Schwester an.

Die zwei stecken tuschelnd ihre Köpfe zusammen. Ganz einig scheinen sie sich nicht zu sein.

Karo und Eddi rücken ein Stück dichter aneinander und drücken sich an die feuchte Felswand. Ihnen ist mulmig zumute. Was haben die „Black Tigers" jetzt vor?

„Papperlapapp!", hören sie schließlich Jenny rufen. „Wir hauen einfach ab."

„Mensch, Jenny", sagt Matze, der wohl langsam ein schlechtes Gewissen bekommt. „Willst du die beiden wirklich hier zurücklassen?"

„Klar, wir müssen sie einschüchtern!", sagt Jenny, lässig Kaugummi kauend. „Oder willst du etwa, dass sie uns verraten?"

„Los, komm, wir machen eine Lagebesprechung im Clubhaus!", ruft Matze.

Dann klettern die beiden „Black Tigers" rasch die Strickleiter hinunter.

Wie gelähmt vor Schreck müssen Karo und Eddi mit ansehen, wie Matze mit einer langen Hakenstange die Leiter von der Felswand abhängt. Torben versucht inzwischen, Beckmann einzufangen.

Da löst sich Eddi aus seiner Starre. „Beckmann! Lauf!", ruft er nach unten. Der Hund spürt die Gefahr und wetzt davon.

„Das könnt ihr doch nicht machen!",
ruft Eddi verzweifelt.
Doch die „Black Tigers" sind im Nu
hinter den Felsen verschwunden ...
„Mäh!", ruft die Ziege.
„Jetzt sind wir auch gefangen",
sagt Karo leise.

In seinem Gemüsegarten bindet Karos Opa gerade die Bohnenranken fest, als Beckmann laut kläffend um die Ecke schießt. „Nanu?", wundert sich Opa.

„Wo hast du Karo und Eddi gelassen?"

Beckmann kläfft lauter und zerrt an Opas Hose.

Da begreift Opa. „Du willst mir wohl etwas zeigen? Warte, ich hole mein Fahrrad und sage Oma Bescheid!" Endlich hat Opa seinen alten Drahtesel aus dem Schuppen gholt. Beckmann saust so schnell vorneweg, dass Opa ihm kaum folgen kann. Am Bohlenweg kommt ihnen Arne entgegengeradelt.

„Komm mit, Arne!", ruft Opa. „Ich glaube, wir können Verstärkung gebrauchen."

Noch ehe Arne begreift, was los ist, sind Opa und Beckmann vorbeigesaust. Da gibt Arne sich einen Ruck und fährt den beiden hinterher, direkt zur Steilküste.

„Warte, Beckmann! Wir können nicht so schnell!", ruft Opa. Er wischt sich den Schweiß von der Stirn. Jetzt legen Arne und Opa die Fahrräder beiseite und klettern den felsigen Weg hinunter zum Meer.

„Arne, guck mal, da vorn ist die Höhle, in der wir als Kinder gespielt haben!", sagt Opa und deutet zu der Felsöffnung hinauf. „Gab es früher nicht eine Strickleiter zum Hochklettern?"

Unter der Höhle
bleibt Beckmann stehen.
Er bellt.
Die Brandung schlägt tosend
gegen die Felsen.

Eine echte Zitterpartie

Karo und Eddi sehen Opa und Arne schon von weitem näher kommen.

„Opa! Opa! Hier oben sind wir!", schreien sie aus vollem Hals.

Von der Sonne geblendet, kann Opa die beiden in der Höhle nicht erkennen.

„Wir sind hier gefangen!", ruft Eddi aus dem Höhleneingang. Die Brandung ist heute so laut, dass er seine eigenen Worte kaum verstehen kann.

Trotzdem sind Opa und Arne jetzt endlich aufmerksam geworden. Sie schauen zu Karo und Eddi herauf, die wie wild mit den Armen fuchteln.

Dann bückt sich Opa und sieht sich die Umgebung am Fuß der Höhle genauer an. Auch Arne scheint etwas zu suchen.

„Ich hab sie!", hören sie endlich Arne rufen. „In der Felsnische versteckt!" Arne stolpert zurück zum Eingang. „Kinder! Ich werfe euch jetzt die Strickleiter hoch!"

Beim dritten Wurf kann Eddi sie fangen und hängt sie am Höhleneingang ein.

Karo klettert als Erste hinunter.
Ihre Arme sind weich
wie Pudding.
Aber sie hält sich gut
an den Seilen fest.

Unten angekommen, drückt sie sich erleichtert an Opas dicken Bauch. „Bin ich froh, dass du da bist!", sagt sie. „Wir haben Frau Olsens Ziege gefunden, sie ist oben in der Höhle."

Opa staunt nicht schlecht, als er Eddi mit der Ziege am Höhleneingang sieht.

„Arne, das ist ein Fall für dich", sagt er zu seinem Freund. „Du kennst dich mit Tieren am besten aus."

Arne guckt etwas ängstlich. So hoch geklettert ist er schon lange nicht mehr. „Hilft ja nichts", murmelt er schließlich. „Das Zicklein geht vor!"

Dann hangelt er sich erstaunlich geschickt die Leiter hinauf.

Oben in der Felsenhöhle sieht er die kleine Ziege zitternd vor sich stehen. Beruhigend streicht er über ihr Fell. „Jetzt hast du es bald geschafft", sagt er leise zu ihr.

„Gut, dass ihr da seid!" Eddi atmet auf. „Ich dachte schon, wir müssten hier drin übernachten …"

Arne steigt vorsichtig die Strickleiter hinab. Die große Tasche mit dem Zicklein hat er sich über die Schulter gehängt.

Eddis Beine zittern von der ganzen Aufregung.

Er muss sich beim Abstieg gut festhalten, weil die Strickleiter so schwankt.

Als er festen Boden unter den Füßen hat,
stürzt er auf Beckmann zu
und streichelt ihn.
„Du bist wirklich
der tollste Hund der Welt!
Was hätten wir nur
ohne dich gemacht!"

Inzwischen hat Arne die Ziege in den großen Käfig gesetzt, den er immer auf seinem Anhänger hat. „So, Zicklein", sagt er zufrieden. „Nun kommst du wieder heim zu deiner Familie."

Das Zicklein ist so erschöpft, dass es nicht mal ein „Mäh" von sich gibt.

Während sie zu Frau Olsen radeln, erzählen Karo und Eddi, was sie alles herausgefunden haben. Opa kann ihnen gar nicht folgen, so schnell reden die beiden durcheinander.

„Kinners, was macht ihr denn für Sachen! Das wäre beinahe schiefgegangen", schimpft er, doch insgeheim ist er auch ein bisschen stolz auf die beiden.

Frau Olsen traut ihren Augen nicht, als die vier Gestalten mit Beckmann und der Ziege an ihrer Haustür klingeln. Überglücklich nimmt sie das Zicklein in den Arm. Karo und Eddi erzählen ihr, wo sie die Ziege gefunden haben.

„Nun müssen wir aber dringend nach Hause, sonst ruft Oma noch die Polizei", mischt Opa sich jetzt ein. Dann steigen alle vier wieder auf die Räder. Und tatsächlich – als sie mit Beckmann um die Ecke biegen, sehen sie schon Oma und Polizeiwachtmeister Kröger vor der Gartenpforte stehen.

Oma fällt ein Stein vom Herzen.
„Da seid ihr ja endlich!",
ruft sie froh
und schließt Karo in die Arme.
„Wir haben uns solche Sorgen gemacht!"

Der Schuss
vor den Bug

„Auf den Schreck brauche ich erst mal einen
Schnaps", sagt Opa und will rasch ins Haus hinein.
Oma hält ihn zurück. „Später", wirft sie forsch ein.
„Hier muss sofort durchgegriffen werden. Polizei-
wachtmeister Kröger! Tun Sie etwas!" Der Beamte,
der etwas verschlafen wirkt, zuckt zusammen. „Die-
ser Tigerbande muss das Handwerk gelegt werden.
Stellen Sie sich vor, man hätte die Kinder nicht vor
Einbruch der Dunkelheit gefunden!"
Bei dem Gedanken ist Karo und Eddi selbst im
Nachhinein noch mulmig zumute.
Kröger muss Oma Recht geben. Er nimmt seine
Polizeimütze ab und dreht sie in den Händen.
„Stimmt schon, diese Tiger-Gören sind zu weit
gegangen. Aber was soll ich jetzt tun?"
Opa schaut ihm fest in die Augen. „Mensch, Kröger!
Verstärkung anfordern, die Täter dingfest machen
und abführen. So geht das doch immer im Fernse-
hen", sagt er streng.
„Ganz so einfach ist die Sache nicht", murmelt Krö-
ger abwehrend. „Das sind schließlich noch Kinder."

„Aber einen Schuss vor den Bug
müssen sie bekommen",
sagt Opa.
Er hat auch schon eine Idee …
Er nimmt Kröger zur Seite
und flüstert ihm etwas ins Ohr.
Kröger nickt,
setzt seine Mütze wieder auf
und sagt mit wichtiger Stimme:

„Wir sind mal eben auf der Wache. Niemand rührt sich vom Fleck. Wir holen meinen Kollegen und geben euch dann Bescheid."

Langsam nähert sich die Sonne dem Horizont. Das kleine Dorf am Meer kommt allmählich zur Ruhe. Die „Black Tigers" haben es sich in ihrem Clubhaus gemütlich gemacht. Jenny hört Musik, Matze ist vertieft in sein Handy-Spiel und Torben liest einen Comic. Aber Torben kann sich nicht so richtig darauf konzentrieren.

„Leute, ich muss gleich nach Hause und Karo und Eddi sind immer noch in der Höhle. Wollen wir sie nicht bald rauslassen?"

„Keine Panik, ich spiele dieses Level noch zu Ende", erwidert Matze leicht genervt. „Aber geh ruhig zu Mutti, wir erledigen das schon." Er grinst.

Seufzend wendet Torben sich wieder seinem Comic zu. Dann ist lange Zeit nur leise Jennys Musik zu hören, Matzes Tippen und hin und wieder ein Rascheln, wenn Torben eine Seite umblättert. Doch plötzlich ertönt eine laute Stimme von draußen …

„ACHTUNG! HIER SPRICHT DIE POLIZEI! DAS HAUS IST UMSTELLT! KOMMEN SIE MIT ERHOBENEN HÄNDEN HERAUS!"

Matze fällt vor Schreck
das Handy aus der Hand.
Torben wird bleich
und Jenny bekommt kein Wort heraus.
Vorsichtig öffnen die drei die Tür
einen winzigen Spalt.

Die Dorfgemeinschaft hat die Hütte umstellt:
Fischer Hansen, Frau Olsen, Oma, Opa, die Nachbarn, Arne, Frau Feng, der Schäfer, Herrn Krögers Kollege und natürlich Karo, Eddi und Beckmann. Direkt vor ihnen steht Polizeiwachtmeister Kröger mit einem Megafon und brüllt hinein.
„WIR WISSEN ALLES!", schreit Kröger.
Opa gibt ihm einen kleinen Stoß in die Rippen.
„Du kannst das Ding jetzt ausmachen, Kröger. Sie verstehen dich auch so."
„Äh, ja", stammelt Kröger und schaltet das Megafon aus. Viel muss er ohnehin nicht mehr sagen.
Die „Black Tigers" treten kleinlaut vor ihr Clubhaus und geben sofort alles zu: die Streiche, die sie den Dorfbewohnern aus lauter Langeweile gespielt haben, und die Entführung des Zickleins.
„Müssen wir jetzt ins Gefängnis?", fragt Torben zitternd.

Doch hier im Dorf hat man
sich etwas anderes überlegt …

Rote Grütze
zur Versöhnung

Bis zum Ende der Ferien müssen Matze, Torben und Jenny zur Strafe bei Arne in der Vogelkoje mithelfen. Ein neuer Beobachtungsturm soll gebaut werden, und es gibt auch sonst jede Menge zu tun. Murrend machen sich die drei Übeltäter gleich am nächsten Tag auf den Weg zum Vogelwärterhäuschen. Unter Ferien haben sie sich etwas anderes vorgestellt. Aber die Dorfbewohner achten darauf, dass die „Black Tigers" von nun an jeden Tag bei Arne zum Dienst antreten.

Von ihrem Baumhaus aus beobachten Karo und Eddi, wie der Turm langsam wächst.

„Eddi, eigentlich hätte ich auch Lust, da mitzumachen", stellt Karo nach einer Woche fest. „Komm, wir fahren einfach rüber zu den ‚Black Tigers', nehmen eine große Schüssel rote Grütze mit und schließen Frieden mit denen."

Gesagt, getan!

Mit der Schüssel im Fahrrad-Korb

radeln Karo und Eddi zum Turm.

Arne freut sich

und auch die „Black Tigers"

sind jetzt ganz freundlich zu ihnen.

„Kommt doch hoch zu uns!", bietet Torben an. Die drei sind gerade dabei, ganz oben am Turm noch einige Latten festzunageln. „Von hier hat man eine tolle Aussicht über die ganze Bucht!"

Karo und Eddi klettern die Leiter hoch. Dann quetschen sich alle auf der Holzplattform eng zusammen und essen rote Grütze in luftiger Höhe.

„Fast wie in unserem Baumhaus", meint Karo schmatzend.

„Ihr habt euch selber ein Baumhaus gebaut?", staunt Matze. „Respekt! Das mit dem ‚Kleingemüse' müssen wir wohl zurücknehmen ..." Er lächelt verlegen.

„Und wenn wir nächstes Jahr wiederkommen, können wir ja mal was zusammen machen."

Karo und Eddi lachen. Sie sind den „Black Tigers" auch schon längst nicht mehr böse.

Als Opa am nächsten Sonntag
sein weißes Hemd anziehen will,
bekommt er einen Schreck.
Was ist das?
Ein Knoten im linken Ärmel.
„Das kann nur der Wind gewesen sein."
Karo grinst.
Sie freut sich schon auf die nächsten Ferien.

Wenn
dir diese
Geschichte gefallen
hat, dann empfiehl sie
deinen Freunden!

Marianne Schröder,

geboren 1962, entwickelte die Karo-Figur gemeinsam mit ihrem Mann, dem Illustrator Gerhard Schröder. Bei Carlsen wurden bereits zahlreiche Pixi-Bücher mit dieser Figur veröffentlicht. „Karo und die kleine Ziege" ist der erste Roman der Autorin. Sie lebt mit ihrer Familie in Hamburg.

Gerhard Schröder

wurde 1963 geboren. Er studierte Kommunikationsdesign und Illustration in Hamburg. Er arbeitet als Illustrator und Grafiker.

Liebe Eltern, liebe Lesepatinnen und -paten,

die Buchreihe **Zu zweit leichter lesen lernen** bietet Leseanfängern spannende Geschichten, die sie mit Ihrer Hilfe – zumindest teilweise – schon selbst bewältigen.

An Ihrer Seite merken die Kinder, dass sie schon ganz schön viel verstehend lesen können. Das macht ihnen Spaß und motiviert sie, zuversichtlich weiterzulernen.

Wenn Sie sich links neben das Kind setzen, kann das Buch einfach zwischen Ihnen und dem Kind liegen bleiben. Während Sie jeweils die linke Seite vorlesen, kann das Kind die Bilder betrachten und dann nach Ihnen die rechte Seite vorlesen.

So wird mit **Zu zweit leichter lesen lernen** eine ruhige Lesesituation geschaffen. Ihr Kind kann sich besser konzentrieren und das laut Vorgelesene auch besser verstehen.

Das Prinzip ist ganz einfach: Geübte Leser und Leseanfänger lesen einander vor. **Zu zweit leichter lesen lernen** – mit doppeltem Vergnügen!

Theo Kaufmann
Seminarschulrat
1. Vorsitzender des Vereins für Leseförderung e.V.
Mitglied im Bundesverband Leseförderung

1 2 3 4 5   12 11 10
Copyright © by Carlsen Verlag GmbH, Hamburg 2010
Umschlag- und Innenillustrationen: Gerhard Schröder
Umschlaggestaltung: init, Bielefeld
Lektorat: Ulrike Schuldes • Herstellung: Steffen Meier
Lithografie: Margit Dittes Media, Hamburg
Druck und Bindung: Zanardi Group, Italy
ISBN 978-3-551-65152-5
Printed in Italy
Alle Bücher im Internet unter www.carlsen.de

Wollt ihr noch mehr **Zu zweit leichter lesen lernen**?
Dann probiert's doch mal mit den „Piraten vom Dach"! Drei
verwegene Seeräuber landen mitten im Sturm auf Roberts Dach.
Doch zum Glück sind sie so klitzeklein, dass sie niemandem
etwas anhaben können …

Die Schrecken der Dachrinne

Robert wachte mitten in der Nacht auf. Es don-
nerte. Blitze zuckten über seinem Dachfenster.
Der Regen prasselte auf die Scheibe.
Robert drehte sich um. Er zog die Bettdecke über
den Kopf. Da krachte etwas. Robert saß sofort
kerzengerade im Bett. Was war das gewesen? Ein
Stück vom Schornstein? Oder blies der Sturm die
Dachziegel vom Dach? Er sah nach draußen. In der
schwarzen Nacht konnte er nichts erkennen. Aber
er hörte Stimmen! Oder hatte er alles nur geträumt?
„Alle Mann nach achtern! Segel reffen! Reffen hab
ich gerufen! Rafft ihr das nicht? Schneller, schneller,
wir treiben ab!"
Der klitzekleine Piratenkapitän Johann van de Veilchen hatte alle Hände voll zu tun. Denn er und seine Mannschaft waren mitsamt ihrem Piratenschiff
in diesen Sturm geraten.
Johann van de Veilchen war der kleinste Kapitän der
sieben Weltmeere, aber er hatte die größte Klappe.
Sein Schiff hieß „Feuerfloh" und war so lang und so
breit wie eine Kokosnussschale. Auch van de Veil-
chens Mannschaft war klein:

Außer dem Käpten
gab es nur noch den Koch Spuhn
und Sina die See-Fahrerin an Bord.
Und jeder der drei Piraten
war gerade mal so lang
wie ein halber Bleistift.

Lesespaß zu zweit

Maja von Vogel
Zu zweit leichter lesen lernen:
Nele und die Flaschenfee
Illustriert von Franziska Harvey
96 Seiten
Gebunden
ISBN 978-3-551-65151-8

Christian Tielmann
Zu zweit leichter lesen lernen:
Die Piraten vom Dach
Illustriert von Daniel Ernle
96 Seiten
Gebunden
ISBN 978-3-551-65153-2

Julia Boehme
Zu zweit leichter lesen lernen:
Conni auf dem Reiterhof
Illustriert von Herdis Albrecht
96 Seiten
Gebunden
ISBN 978-3-551-65154-9

Nele befreit eine winzige Fee aus einer Flasche, die sie im Garten findet. Jetzt hat sie drei Wünsche frei, doch beim Wünschen kann allerhand schiefgehen …

Während eines Sturms landet eine Truppe winzig kleiner Piraten in Roberts Dachrinne, die sich verirrt haben. Kann Robert ihnen helfen, den Weg nach Hause zu finden?

Connis Urlaub auf dem Reiterhof fängt unglücklich an: Ihre Freundin Anna wird krank und kann nicht mit. Doch dann lernt sie Liska und das brave Pony Karlina kennen. Wird doch noch alles gut?

CARLSEN
www.carlsen.de